이 책은 환경부와 함께
모두가 건강한 세상을 위한
특별기획으로 만들었습니다.

알록달록 과자의 비밀

초판 1쇄 발행 | 2008년 2월 5일
초판 23쇄 발행 | 2024년 4월 5일

지은이 | 여성희
그린이 | 김용아
펴낸이 | 조미현

펴낸곳 | (주)현암사
등록 | 1951년 12월 24일 · 제10-126호
주소 | 04029 서울시 마포구 동교로12안길 35
전화 | 02-365-5051 · 팩스 | 02-313-2729
전자우편 | child@hyeonamsa.com
홈페이지 | www.hyeonamsa.com
블로그 | blog.naver.com/hyeonamsa
인스타그램 | www.instagram.com/hyeonam_junior

글 ⓒ 여성희, 이화여자대학교, 환경부, (주)현암사 2008
그림 ⓒ (주)현암사 2008

ISBN 978-89-323-7116-0 73530

* 저작권자와 협의하여 인지를 생략합니다.
* 잘못된 책은 바꾸어 드립니다. 책값은 뒤표지에 있습니다.
* 현암주니어는 (주)현암사의 아동 브랜드입니다.

제품명	도서	전화	02-365-5051
제조년월	2024년 4월	제조국명	대한민국
제조자명	(주)현암사	사용연령	6세 이상
주소	서울시 마포구 동교로12안길 35		

주의 책 모서리에 부딪히거나 종이에 베이지 않도록 주의해 주세요.
• KC 마크는 이 제품이 공동안전기준에 적합하였음을 의미합니다.

해로운 화학물질에서 자신을 구하는 환경동화
|식생활 편|

알록달록
과자의 비밀

여성희 지음 | 김용아 그림

현암
주니어

머리말

주영이는 고모네 집에 놀러가면서 길에서 포도 사탕을 사 먹었습니다. 그래서 오늘은 기분이 매우 좋습니다. 길에서 1학년 때 담임 선생님이신 김정복 선생님을 만났습니다. 주영이가 인사를 하자 "노주영, 너 많이 컸구나." 하고 칭찬을 해주십니다. 주영이는 부끄러워 혀를 쏙 내밀었습니다. 포도색으로 물이 든 주영이의 혀를 보시더니 김선생님은 걱정을 하시면서 말씀하셨습니다. "주영아, 너 1학년 때 짝꿍 현진이 알지? 현진이가 어제 집에 돌아가는 길에 분홍색 솜사탕을 사 먹고, 밤새도록 배가 아프고 토해서 오늘 학교에 오지 못했단다." 솜사탕과 달고나를 잘 사 먹는 주영이는 깜짝 놀랐습니다. 김선생님은 솜사탕이나 달고나 안에 들어 있는 화학물질 때문이라고 말씀하십니다. 주영이는 화학물질이 무엇인지 알지도 못하는데 그것 때문에 현진이가 탈이 났다고 합니다.

요즈음 어른들은 먹을거리 걱정을 많이 하십니다. 식품 속에 나쁜 물질이 들어 있지 않은지, 오염된 곳에서 자란 채소가 아닌지, 수입식품에 나쁜 중금속이나 방부제가 들어 있지 않은지……

특히 주영이 엄마는 자신의 부른 배를 쳐다보시며, "뱃속의 아기를 생각해서라도 좋은 음식을 먹어야 할 텐데……. 그리고 우리 주영이도 건강하게 잘 자라야 할 텐데……." 하고 걱정을 하십니다.

그러나 주영이는 좋아하는 음식을 왜 못 먹게 하는지 알 수 없습니다. 알록달록한 과자, 프라이드 치킨, 달콤한 도넛 등이 좋기만 한데 왜 안 된다고 하는지 모르겠습니다. 또 땅콩이나 참치처럼 우리 몸에 해가 안 되는 음식이 어떤 친구에게는 왜 심각한 알레르기를 일으키는지도 모르겠습니다.

저는 사랑하는 주영이의 궁금증을 풀어 주기 위해 음식물 속 화학물질에 대해 알아보기로 하였답니다. 그리고 간단한 실험 방법을 소개하여 과학의 즐거움을 함께 전달해 주고 싶었습니다.

그럼, 우리가 매일 먹고 있는 음식들, 한번 같이 알아볼까요?

2008년 2월 여성희

차례

머리말   6

1. 알록달록 과자의 비밀   10
   　-인공색소는 위험해!

2. 준서의 알레르기   21
   　-식품알레르기

3. 북실아, 미안!   32
   　-수입식품은 꼼꼼히

4. 고소하고 바삭한~   42
   　-트랜스지방

5. 수민이의 여드름?   54
   　-식품 유해 성분

1. 알록달록 과자의 비밀
인공색소는 위험해!

민재가 엄마와 마트에 왔네요. 저녁거리를 장보러 온 모양이에요.
민재가 아주 신이 났군요.
"우와~ 엄마, 이것 좀 보세요! 정말 예쁘죠?"
민재는 진열된 물건을 구경하느라 여기저기 뛰어다니며 정신이 없습니다.

"민재야, 잠깐. 그렇게 정신없이 뛰어다니면 다른 사람들이 곤란하지 않겠니? 엄마까지 정신이 없구나."
"아, 참~ 달리기는 운동장에서! 죄송합니다, 민재가 너무 신나서 그만."

어머니는 척척 알아듣는 민재가 무척이나 대견한 표정이시군요.
민재 어깨를 꼬옥 안아 주십니다.

"앗, 엄마~ 과자예요, 과자! 먹고 싶은 거 골라도 되죠?"
"민재는 과자가 그렇게 좋으니? 그래, 골라서 카트에 넣으렴."

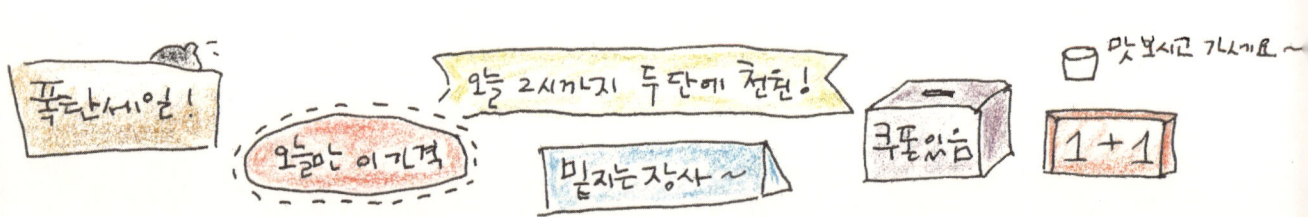

"야~ 신난다! 저는 노란색 과자가 제일 좋아요."
카트가 과자로 금세 가득하군요.

돌아오는 길 내내 과자만 쳐다보던 민재는 집에 들어서면서 바로
한 봉지 집어 듭니다.
"엄마, 과자 먹어도 되죠?"
"곧 저녁 먹을 건데, 조금만 먹으렴."
민재는 무척 행복한 표정입니다.
"빨간색도 맛있지만 역시 노란색이 제일 맛있는 것 같아."

저녁 식사를 마치고 작업실에 계시던 어머니께서 민재의 울음소리를
듣고 달려오셨어요.
"엄마, 우왕~ 몸이 이상해요."
"어머, 무슨 일이니? 민재가 왜 이러지?"
민재의 얼굴과 팔에 빨갛게 두드러기가 돋아 있네요. 가렵다고
난리입니다. 어머니는 민재 손을 잡고 가까운 응급실로 달려갔어요.

"갑자기 이렇게 두드러기가 났어요, 가렵다고 하네요."
민재를 찬찬히 살펴보시던 의사 선생님께서 알약을 주십니다.

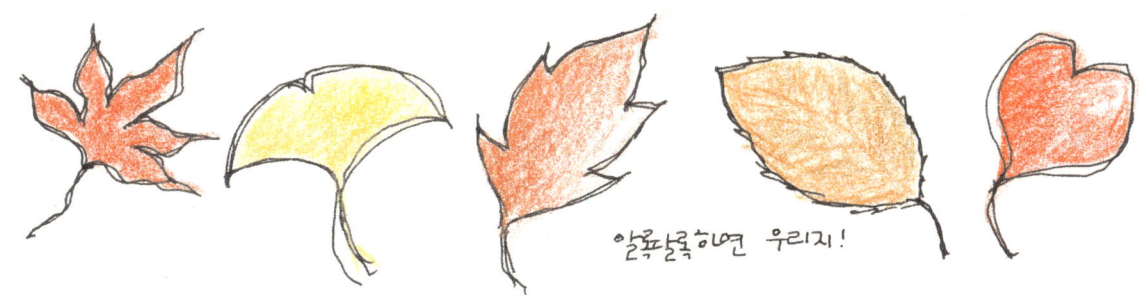

알록달록하면 우리지!

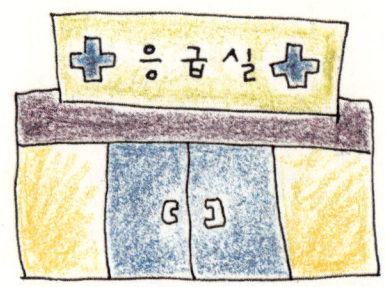

"뭔가 잘못 먹은 모양이구나.
이걸 먹으면 곧 괜찮아질 거다."

약을 먹자 정말 부어올랐던 것이 금세 가라앉고 있어요. 기분도 훨씬 나아졌습니다. 그래서 다음날 민재는 학교에 갈 수 있었어요. 그런데 아직 두드러기 났던 것이 좀 남아 있어서 친구들이 놀라는군요.
"민재야, 얼굴이 좀 이상해."
"어디 아프니, 민재야?"
친구들이 민재 곁으로 모여듭니다.
담임 선생님께서도 놀라시네요.
"민재 어디 아프니? 음식 알레르기였나 보구나. 괜찮아지고 있으니 다행이다."

"여러분 과자 좋아하죠? 오늘은 여러분이 좋아하는 과자에 대해 알아보도록 해요."
"네에!"
다들 목소리도 우렁차게 대답하네요.

"글쎄, 공부한 다음에도 한 번 더 물어볼게요."

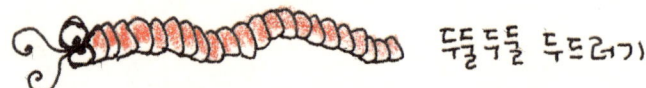

선생님은 의미심장한 미소를 띠십니다.

"색깔 없는 과자와 알록달록한 과자 중에 어떤 것이 좋은가요?"
"선생님! 전 노란색 과자가 제~일 좋아요. 어제도 엄청 먹었어요!"
민재 눈빛이 반짝거리는군요. 정말 과자를 좋아하나 봐요.

"예쁜 색의 과자를 만들려면 '색소'라는 걸 사용해요.
들어본 적 있나요?"
아이들은 고개를 설레설레 젓습니다.
선생님은 준비해 오신 여러 종류의 알록달록한 과자를 나눠 주시네요.
아니, 갑자기 아이들의 얼굴이 환해지는군요.

"여러분, 과자포장에 보면 과자가 무엇으로 만들어졌는지 씌어
있지요? 그 중에 색을 내는 재료를 한번 찾아볼까요?"

아이들이 소리 내어 읽어 봅니다.
"황색 4호!"
"코치닐 색소!"

"네. 여러분 잘 찾아냈어요. 그런 색소들로 예쁜 색의 과자를 만들지요. 그런데 이런 색소들은 많이 먹어도 괜찮은 걸까요?"

선생님은 신문 기사를 하나 보여 주십니다.
"이것은 코치닐 색소에 관한 기사예요. 40여 년 전에 미국의 어느 병원에서 한 어린이가 숨지고, 스물둘의 아이가 아픈 적이 있었어요. 나중에 알고 보니 아이들이 먹은 약에 들어 있던 코치닐 색소 때문이었답니다. 코치닐 색소는 선인장에 기생하는 곤충인 연지벌레를 말리고 잘게 부수어서 추출해 낸 것이랍니다."

"우에~ 선생님! 벌레요!"
"어우~ 우웨~ 꿈틀꿈틀!"

갑자기 교실이 들썩거리네요. 학생들이 저마다 수근거립니다.
학생들을 겨우 진정시킨 선생님이 이어서 말씀하시네요.

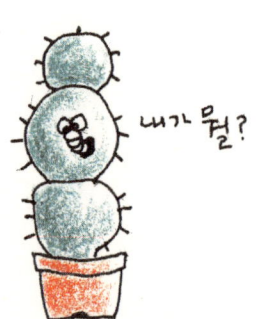

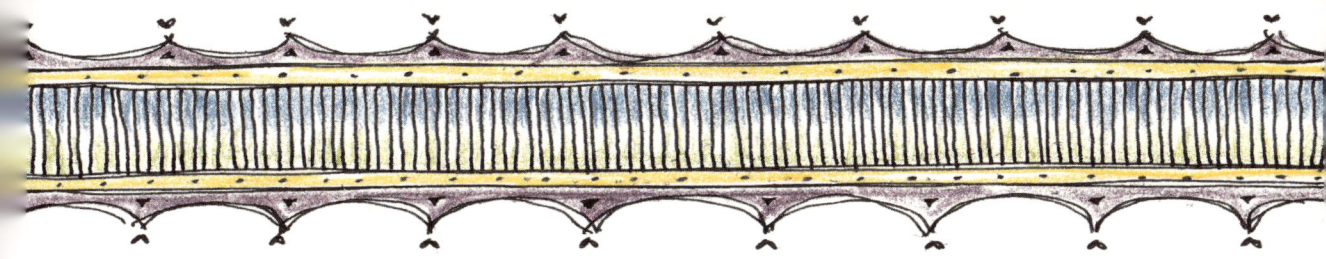

"미국의 한 연구 결과에서는 황색 4호가 알레르기의 원인이 된다고 했어요. 그런데 지금도 과자에 사용되고 있지요. 적은 양은 몸에 해롭지 않기 때문이라는데, 정말 괜찮을까요?"

학생들의 표정이 침울해지고 민재는 뭔가 알 것 같은 얼굴입니다.
"황색 4호는 노란색을 만드는 거죠? 노란색 과자는 정말 예쁘고 맛있는데……. 그래도 아픈 건 싫어요."
"그래, 민재가 왜 아팠는지 알게 되었구나. 예쁜 과자라고 해서 모두 몸에 좋은 건 아니지."

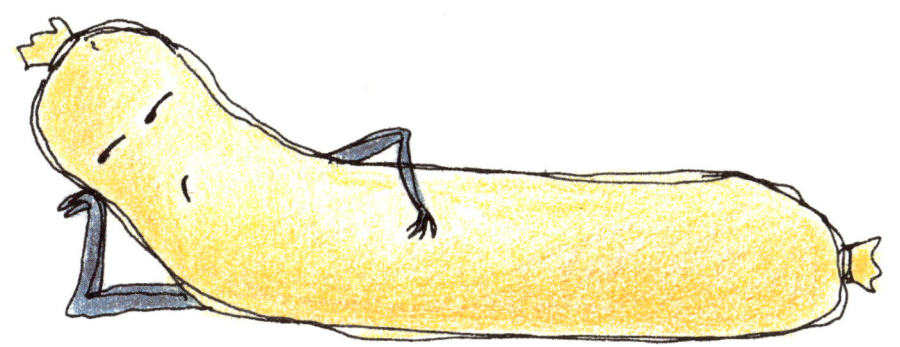

"자, 그럼. 지금은 과학 시간이지요? 우리 함께 인공색소가 왜 몸에 안 좋은지 실험으로 알아보도록 해요."

과학 실험실에서

1. 색깔이 알록달록한 얼음과자나 사탕에 포함된 인공색소에 식초를 섞은 용액을 시험관이나 유리컵에 부어요.

2. 시험관에 흰 순모사(단백질 성분이 100%인 실)를 넣고 나무젓가락으로 저어서 푹 담궈요.

3. 물이 든 비커에 시험관을 넣고 알코올램프로 중탕해요. (집에서 할 때는 꼭 부모님과 함께 해야겠죠? 비커 대신에 냄비로 가스레인지에서 해도 좋아요.)

4. 인공색소와 비교하기 위해 시금치에서 뽑아낸 천연색소도 같은 방식으로 실험해요.

5. 약 15분 후에 실이 완전히 물들면 꺼내서 찬물에 헹구어요.

자, 실험 결과는?

* 천연색소에 담궜던 실을 찬물에 헹구자 금세 색이 없어지고 원래의 흰 실이 됩니다.
* 인공색소에 담궜던 실은 물에 헹궈도 색깔이 그대로 남아 있어요.

무슨 뜻일까요?

이 실험은 여러분이 좋아하는 과자나 사탕에 들어 있는 인공색소와 시금치에 들어 있는 천연색소를 비교해 본 것이에요. 천연색소는 시금치나 오징어 먹물처럼 동식물에서 얻어지는 색소를 말합니다. 인공색소란 합성착색료예요. 우리나라에서 대표적으로 쓰이는 인공색소인 타르색소는 석탄타르에서 합성한 물질이거든요.

인공색소가 다 나쁜 건 아니지만 왜 어린이에게
좋지 않은지 설명해 줄게요.

인공색소로 피해를 보는 사람 중 대다수는 어린이라고 보고되고
있어요. 인공색소가 우리 몸에 들어오게 되면 실험에서 실이 물든
것처럼 우리 몸속에 색소가 남아 있게 돼요. 여러분은 면역체계,
유해물질의 대사 및 해독, 배설 기능이 완전히 발달되지 않아
인공색소가 몸 밖으로 완전히 배출되지 않아요. 그리고 어른보다
식품을 선택하는 능력이 떨어지고요. 알록달록한 색깔의 과자,
아이스크림, 음료수 등에 우리 마음을 다 빼앗겨 버리거든요.

색깔이 예쁜 과자를 먹을 때마다 여러분의 몸속에 색소가 계속
쌓이게 되겠죠? 인공색소를 많이 섭취하면 몸에 좋은 것이
아니니까, 먹지 않는 것이 좋아요. 그럼 여러분의 건강을 지킬 수
있는 방법을 알아볼까요?

1. 과자나 사탕 같은 식품을 살 때는 어떤 성분이 들어 있는지
   꼭 살펴보도록 해요.
2. 방과 후 간식은 과일, 채소 또는 우유를 먹도록 해요.
3. 가공식품이나 인스턴트식품은 가능한 한 먹지 말아요.
   엄마가 직접 해주신 음식이 최고랍니다.

4. 여러분이 선택하는 음식이 여러분을 건강하게 지킬 수 있어요.
   잘 기억해 두고 건강한 생활을 실천하도록 해요!

실험을 정리하고 선생님께서 다시 한 번 물으십니다.
"자, 여러분! 아직도 알록달록한 과자가 좋은가요?"
"우~ 근데……. 몸에 나쁜데 왜 그렇게 맛있죠?"
"예쁘지 않아도 맛있는 과자를 찾아내야겠어!"
"알록달록한 과자는 왠지 이제 벌레 같아요."

큰일 났다..

몸에 좋은 천연색소!

라이코펜
토마토, 사과, 붉은 고추, 딸기, 수박에 많이 있어요. 몸속의 나쁜 물질을 몸 밖으로 내보낸답니다. 학습 능력과 기억력을 높여 줍니다.

베타카로틴
당근, 호박, 달걀 노른자, 카레, 감, 고구마 등에 많이 있어요. 노화를 막아 주거나 암을 예방해 주지요. 식욕을 촉진하고 신체 발육에 꼭 필요한 비타민 A로 바뀌므로 아주 중요해요.

안토시아닌
가지, 붉은 양배추, 보라색 옥수수 등에 많이 있어요. 피를 맑게 하고 심장질환이나 뇌졸중의 위험을 감소시켜요. 눈의 피로를 줄여 주기도 하지요.

루테인
완두콩, 키위, 시금치 등의 녹색 채소에 많이 있어요. 특히 눈 속에 생기는 활성산소를 막아 주어서 눈의 건강에 중요해요. 피부 건강에도 좋고요.

2. 준서의 알레르기
식품알레르기

드디어 수련회의 아침이 밝았습니다. 준서가 무척이나 고대하던 날이에요. 간밤엔 잠도 잘 오지 않을 지경이었지요.
결국은 학교 갈 시간도 되기 전에 벌떡 일어나더니 당장 학교로 달려갈 기세로군요.

"엄마~ 엄마엄마! 나 학교 가요."
"준서가 웬일이라니? 이렇게 일찍부터?"

"엄마는~ 오늘 수련회 가는 날이라고 서른일곱 번째 말씀드리는 거예요!"
"그래그래. 아이고, 알았다. 즐겁게 놀다 오렴. 땅콩 조심하고!"

준서는 땅콩 알레르기가 있거든요.

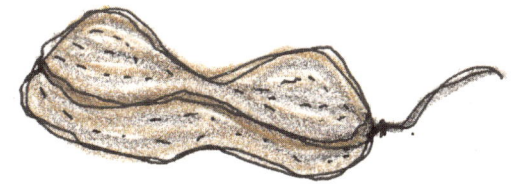

그래서 준서 어머니는 준서가 혹시 실수로라도 땅콩을 먹지 않도록 항상 조심해서 음식을 준비하시지요. 하지만 수련회에서는 어떤 음식을 먹게 될지 알 수가 없으니까 걱정되시는 모양이에요.
그런 엄마 마음을 아는지 모르는지 준서는 이미 그림자까지 학교로 떠나 버렸군요.

매일 보는 선생님과 친구들이지만 수련회에 와서 함께 이불을 개고 아침을 먹고 하다 보니 부쩍 더 친해지는 기분입니다. 부지런히 선생님을 따라 노래도 부르고 응원도 하면서 친구들과 놀았더니 배가 고파집니다.

"배고파 배고파~ 선생님, 언제 밥 먹나요?"
"하하! 이제 곧 식사 시간이란다.
그렇게 뛰어놀면 배고플 만도 하지."

드디어 식사 시간입니다. 다 함께 같은 음식을 먹는 것도 참 신기한 기분이랍니다. 준서는 친구들과 함께 커다란 식당에서 줄을 서서 차례대로 밥과 반찬을 식판에 받아옵니다. 그런데 처음 보는 반찬이 있네요? 준서는 옆에 앉은 친구 수민이에게 물어봅니다.

"어? 이게 무슨 반찬이지? 수민아, 이거 뭔지 알아?"
"응? 땅콩조림? 전에 우리 엄마도 해주셨었는데, 진짜 고소하고 맛있어."
"어, 그럼 이거 땅콩으로 만든 거야?"
"그럼, 땅콩조림을 땅콩으로 만들지. 먹어 봐, 맛있다니까."

수민이가 맛있게 먹는 모습을 보니 침이 꿀꺽 넘어가는군요. 준서도 하나 집어들었습니다. 앗, 그런데 엄마가 당부하셨죠.
'엄마가 땅콩은 안 된다고 하셨지.'

준서는 아쉬운 표정으로 슬그머니 땅콩을 내려 놓습니다. 음! 그런데 수민이는 정말 맛있게도 먹고 있네요. 그 모습에 마음이 마구 흔들린 준서는 결국 하나 얼른 집어서 입에 넣어 버립니다.
"겨우 요만한 거 하난데, 괜찮겠지?"

저녁이 되어 강당에서 선생님과 친구들과 게임을 하던 준서는 갑자기 배가 아프고 몸이 가렵기 시작합니다.
"아우! 배 아파. 근데 몸은 왜 이렇게 가렵지."
"헥! 준서야, 너 얼굴이 이상해. 선생님, 준서 좀 보세요!"

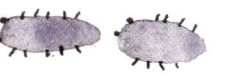

수민이가 도망가 버리네요.

"내 얼굴이 왜? 부담스러워?"
준서가 두리번거리니까 다른 친구도 준서를 보고 도망가 버립니다.

"애들아, 왜 그러는 거야? 장난 치는 거지?"
친구들을 쫓아가던 준서는 갑자기 숨이 가빠지더니 그 자리에 쓰러져 정신을 잃고 말았습니다.

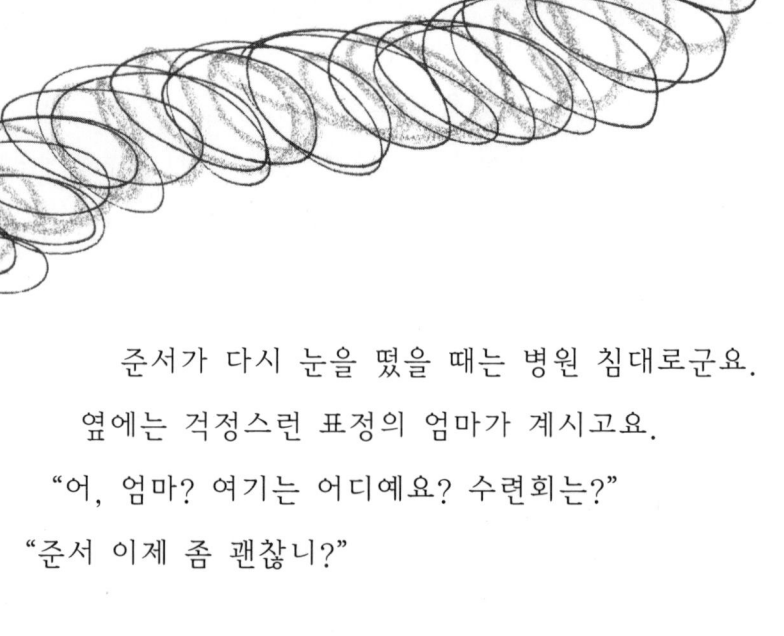

준서가 다시 눈을 떴을 때는 병원 침대로군요.
옆에는 걱정스런 표정의 엄마가 계시고요.
"어, 엄마? 여기는 어디예요? 수련회는?"
"준서 이제 좀 괜찮니?"

어리둥절해하는 준서는 무슨 일이 일어난 건지 영문을 모르겠답니다. 수련회에서 갑자기 쓰러져서 병원에 실려 왔다지 뭐예요?

"준서 너, 혹시 땅콩 먹은 거 아니니?"
"사실은 딱 한 개 먹었는데……. 하도 조그매서 괜찮을 줄 알았어요."
"그랬구나, 그런데 그 작은 땅콩 한 개가 준서를 이렇게 아프게 한 거란다. 거울을 한번 보렴."

준서는 깜짝 놀랄 수밖에 없네요. 그 수려하던 얼굴이 빨갛게 부어서 눈도 코도 얼굴에 파묻혀 버린 모양이 '누구세요'입니다.

"애들이 도망갈 만도 하다, 땅콩 파워 굉장하네!"

그때 의사 선생님이 들어오십니다.
"준서 이제 좀 괜찮아졌구나."
"네. 그런데 선생님, 제 얼굴이 어떻게 된 거예요?"

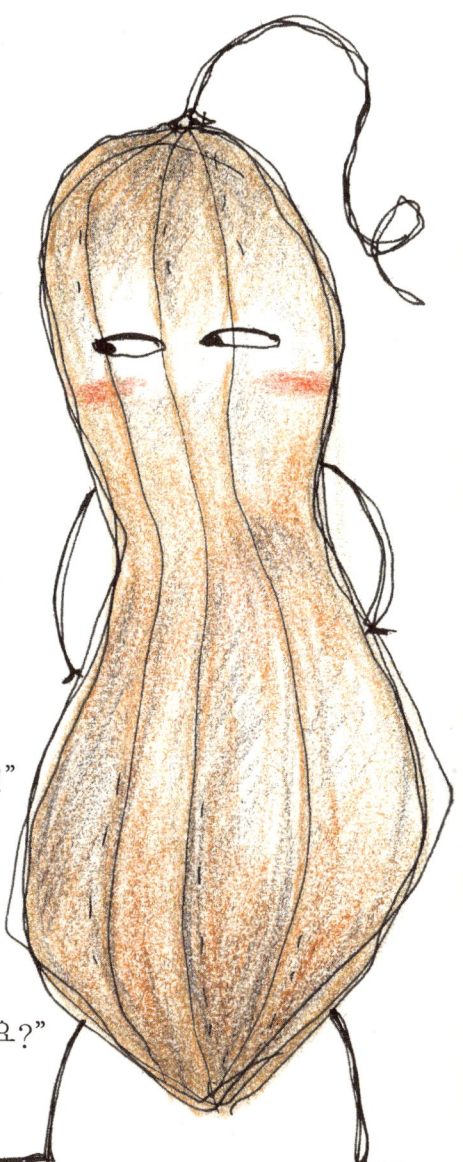

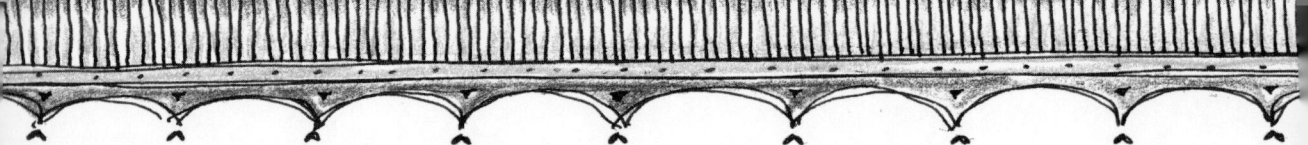

"준서, 땅콩 알레르기가 있다며?"

"알레르기요?"

"그래, 아주 적은 양이라도 위험할 수 있는 거니까 준서도 잘 알아 두렴. 우리 몸은 나쁜 병균이나 물질이 몸 안에 들어오면 우리가 느끼지 못하는 와중에도 자동으로 몸을 지키는 기능이 작동하거든. 면역반응이라고 하는 건데, 알레르기도 그 중에 하나란다."

"그럼 알레르기도 몸에 좋은 거 아닌가요?"

"몸에 해롭지 않은 것에도 격렬하게 방어기능이 작동하는 경우가 있는데, 일종의 과민반응이지. 그런 경우를 알레르기라고 하는 거야."

"근데, 땅콩이 들어 있어도 보이지 않을 수 있잖아요?"

"그래서 식품성분표를 잘 봐야 한단다."

"식품성분표요?"

"그래, 대부분의 식품은 포장의 뒷면을 보면 어떤 성분이 얼마만큼 들어 있는지 표시되어 있단다."

"아~ 그래서 엄마가 장보러 가시면 항상 뭔가 유심히 보고 계셨구나."

"선생님, 땅콩 말고 다른 식품알레르기도 있어요?"
"그럼, 알레르기의 원인은 무척이나 다양하고 아직 명확하게 밝혀지지 않은 것도 많아요. 사람들마다 생긴 모습과 성격이 다른 것처럼 알레르기도 다양하단다. 준서는 땅콩을 먹으면 안 되겠지만 땅콩을 먹어도 아무렇지 않은 사람도 많잖니? 그 증상도 참 여러 가지란다. 피부가 부어오르거나 천식이 나타나는 가벼운 정도에서 생명을 위협하는 아주 위험한 경우도 있으니까 조심해야겠지?"

알레르기를 일으킬 수 있는 식품을 알아봐요!

식품성분표 보는 방법!

1. 원재료, 식품 첨가물은 함유량이 많이 든 순으로 표시되지요.

2. 2001년 4월부터 알레르기를 일으킬 수 있는 물질은 꼭 표시하도록 되었어요.

※하지만 아직 표시를 하지 않은 경우도 있어요.
 그러니까 항상 조심해야겠죠?

돌다리도 조심조심!

준서 친구 수민이는 우유 알레르기가 있고, 민재는 달걀 알레르기가 있다고 하네요. 준서와 수민이, 민재가 먹어도 괜찮은 과자를 찾아주세요.

1.

준서가 먹어도 되는 과자는? (   )

2.

3.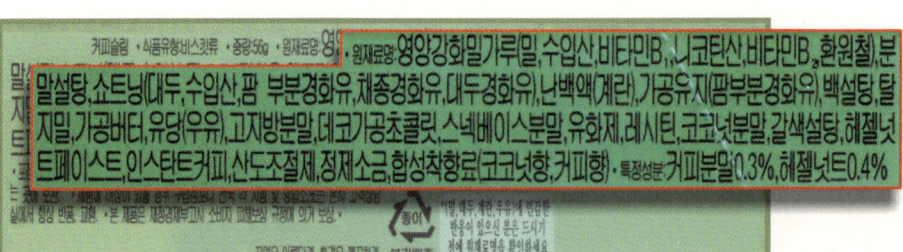

4.

수민이가 먹어도 되는 과자는?
( )

5.

민재가 먹어도 되는 과자는? ( )

6.

3. 북실아, 미안!
수입식품은 꼼꼼히

"북실아, 공!"
화창하고 한가로운 일요일입니다. 서연이와 북실이가 마당에서 공놀이를 하고 있네요.

"서연아, 점심 먹어야지."
벌써 식탁에 앉은 아빠가 부르십니다.

"와~ 벌써 점심 시간이에요? 그러니까 막 배가 고프네. 북실이도 배고프겠다!"
서연이는 부엌으로 달려와 북실이 사료봉지를 뒤집니다.

"어? 엄마, 북실이 밥이 없어요."
"어머, 벌써 떨어졌어? 점심 먹고 사러 가야겠구나."

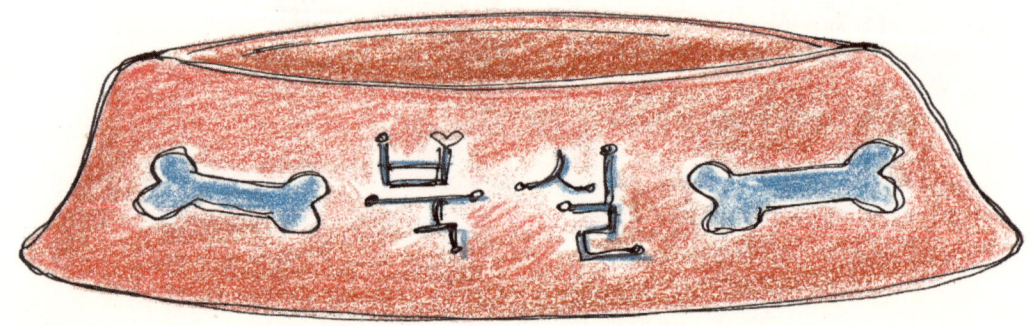

"와~ 내가 제일 좋아하는 아이스크림이다."
서연이가 아이스크림 코너 앞에서 떠나질 못하는군요.

"서연아, 아이스크림은 금방 녹으니까 북실이 사료부터 사야지."
서연이와 엄마는 애완견 사료 코너로 갑니다.

"찾았다! 북실이 밥. 엄마 이제 아이스크림 사러 가요."
사료를 냉큼 집어 카트 안에 넣더니 서연이가 엄마를 바라보며
아주 예쁘게 웃는군요.

"다녀왔습니다. 아빠, 북실이 어딨어요?"
서연이는 북실이부터 찾습니다.

"녀석, 오자마자 북실이부터 챙기기는……."
"북실아~ 배 많이 고팠지? 얼른 밥 먹자."

서연이는 새로 사온 사료를 북실이 밥그릇에 수북이 부어 줍니다.
북실이는 널름널름 밥그릇을 순식간에 비워 버리는군요.

"와! 북실이 진짜 배 많이 고팠나 봐요."

서연이와 엄마는 조금 미안한 표정으로 바라보며 웃습니다.
북실이는 허겁지겁 먹고 나더니 곧 잠이 들었습니다.
"먹기가 무섭게 자는구나. 서연이도 낮잠 잘 시간 아니니?"

며칠 뒤, 학교에서 돌아온 서연이는 북실이를 먼저 부릅니다.
"북실아 북실아~ 누나 다녀왔어!"
보통 제일 먼저 달려 나와 반기던 북실이가 오늘은 보이지 않네요?

"엄마, 북실이 어디 갔어요?"
"글쎄, 북실이 어디가 안 좋은지 하루 종일 잠만 자는구나."
걱정스런 표정이십니다.
"아빠 오시면 함께 병원에 가 보자."

"딩도옹~"
"아빠다 아빠!"
서연이가 얼른 달려 나갑니다.
"아빠, 북실이가 아픈 것 같아요. 어서 병원에 가 봐요."
"북실이가 요 며칠 기운이 좀 없다 싶었는데 오늘은 꼼짝도 안 하네요."

엄마도 걱정스런 표정으로 북실이를 안고 나오십니다.
"정말 그러네. 어서 병원에 가 보자."
아빠도 고개를 갸웃거리며 서두릅니다.

"아프면 안 돼, 북실아."
서연이 눈에 눈물이 그렁그렁합니다.
"괜찮을 거야. 서연아. 의사 선생님이 잘 치료해 주실 거야."
엄마가 서연이의 어깨를 꼬옥 안아 주십니다.

"선생님, 우리 북실이가 이상해요."
서연이가 울먹거립니다. 아빠가 서연이 손을 꼭 잡아 주시네요.

선생님은 체온도 재고 입 안도 살펴보시더니 물으십니다.
"사료는 어떤 걸 먹나요?"
"며칠 전 마트에서 새로 나온 사료가 있기에 사왔는데.
가격도 저렴하고 해서…… 수입사료였던 것 같아요."

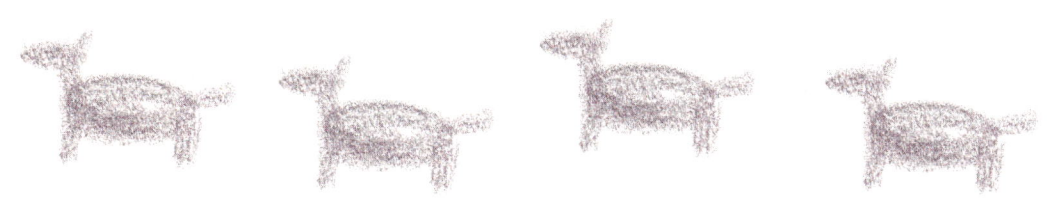

"사료가 문제였던 것 같군요. 얼마 전에도 수입사료를 먹은 고양이가 식중독으로 찾아왔었어요. 북실이는 다행히 심각한 상태는 아니니까, 곧 건강해질 수 있을 겁니다. 요즘 저렴한 수입사료가 많이 들어왔지요. 성분을 꼼꼼히 살펴보고 선택하셔야 합니다."

"그럼 수입사료는 안 좋은 거예요?"
"다 그런 건 아니고, 가격이 싼 것은 잘 살펴봐야 해요. 제조업체들이 사료를 만들 때 드는 비용을 줄이기 위해서 몸에 좋지 않은 재료를 사용하는 경우도 있거든."

"와, 정말 나쁜 사람들이다!"
서연이는 정말 화가 난 모양입니다.

돌아오는 길에 아빠에게 물어보네요.
"근데 사료에 뭘 넣었기에 북실이가 이렇게 아픈 거예요?"
"음, 예전에 다른 나라에서 수입사료 사고가 있었는데, 그게 멜라민이라는 물질 때문이라고 하더구나. 어쩌면 우리가 산 수입사료에도 그 멜라민이 들었었는지 모르겠다."

"멜라민이라고요?"
"멜라민은 석유나 석탄 등에서 나오는 물질로 다량의 질산을 함유하고 있단다. 쥐약이나 욕조, 접착제, 플라스틱을 만들 때 사용되는 성분이지.
우리 생활에 유용하게 쓰이지만 먹는 음식은 아니란다.
사료의 단백질 비율을 높이기 위해 콩이나 옥수수 등 천연물질 대신 값싼 멜라민을 사료에 넣기도 해."
"아니, 쥐약을 사료에 넣었다고요? 너무하다."
"그래, 아주 위험하니까 주의해서 사용해야 하는 물질인데 말이지."

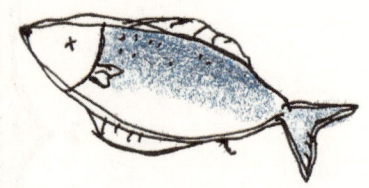 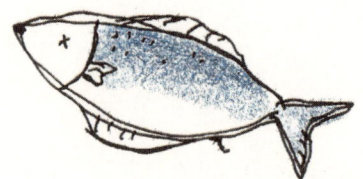 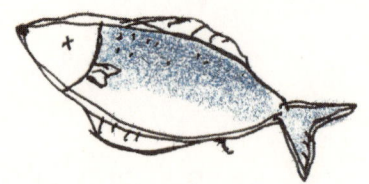

"얼마 전에 마트에서 옆집 언니에게 들었는데, 싸고 좋아 보이는 수입생선에서 우리 몸에 해로울 만큼 많은 양의 항생물질이 검출되었대요. 우리가 먹는 것도 북실이가 먹는 것도 다 잘 확인하고 사야겠어요."

"아, 그리고 보니 작년에 산 밀가루에 벌레가 안 생겨서 좋다고 생각했는데. 혹시 방부제가 많이 든 수입산 아닐까?"

엄마가 허둥지둥 부엌으로 들어가시네요.

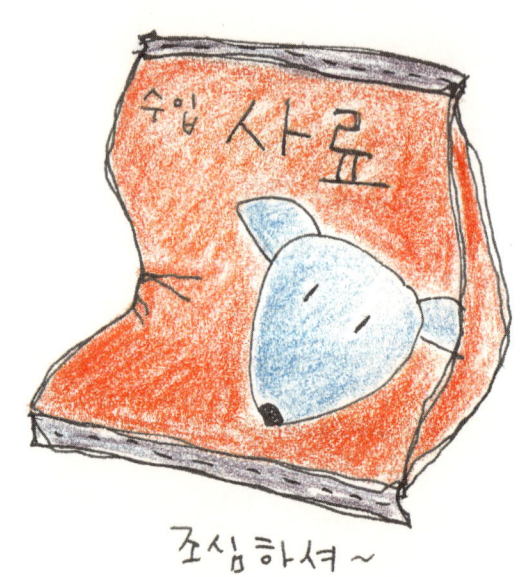

자, 그럼 방부제가 안 든 밀에 넣은 개미와 방부제가 든 밀에 넣은 개미가 어떻게 움직이는지 한번 살펴볼까요? 어떻게 다른지 적어 보아요.

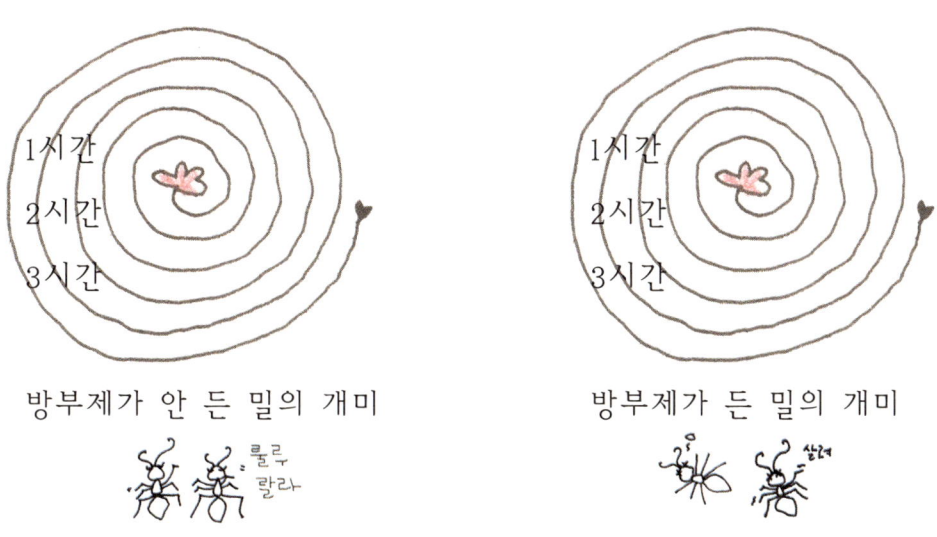

벌레의 움직임이 다른 이유는 무엇일까요?

밀가루를 상하지 않도록 하기 위해 방부제 같은 약품을 많이 넣었기 때문이에요. 그래서 방부제가 안 든 밀 속의 개미보다 방부제가 든 밀 속의 개미는 움직임이 더 느리고 병들어 보이는 거예요.
벌레에게 좋지 않은 약품은 사람들에게도 해롭답니다. 주로 수입산 밀은 멀리서 오기 때문에 방부제가 많이 들어 있을 수 있어요.

다른 나라 사람이 우리나라에 여행 올 때는 공항에서 꼭 신고를 하지요. 식품도 다른 나라에서 들어올 때는 신고를 한답니다. 저 멀리 여러 나라에서 들어오는 여러 식품이 우리나라에 들어올 때는 어떤 과정을 거치는지 알아보아요.

수입식품 검사제도

수입하는 사람은 세관에 수입신청을 합니다.

수입식품의 신고서를 제출해야 해요.

지방식품의약품안전청장이 서류심사 및 분류를 하지요.

서류검사
신고서류에 있는 제품의 이름, 표시기준, 첨가물 종류 등이 적합한지 검사합니다.

정밀검사
물리적, 화학적, 미생물학적 방법에 따라 실험장비를 이용해서 검사합니다.

관능검사
제품의 맛, 냄새, 색깔, 표시 등을 살펴보고 판단합니다.

판정

우리나라에서 수입하는 식품이 너무너무 많아서,
여러 식품을 하나하나 자세히 검사하지는 못한대요.
가끔 뉴스를 보면 수입식품에서 해로운 물질이
발견되었다고 하죠? 모두 주의!

○○산 냉동 보리새우, ○○○산 껍질 벗긴 새우에서
기준치 이상의 표백제 성분 검출!

○○산 장어, 수은과 비소 검출!

그럼 우리가 할 수 있는 일은?

1. 제품표시를 잘 살펴보고 방부제가 안 든 식품을 선택해요.
2. 문제가 있다고 알려진 식품은 먹지 않는 게 좋겠죠?

4. 고소하고 바삭한~
트랜스지방

오늘은 특별한 일요일! 민재에겐 어느 일요일보다 신나는 날입니다. 엄마 아빠와 영화관에 가기로 한 날이거든요. 새하얀 남극에서 멋진 황제펭귄의 기나긴 여행을 찍은 다큐멘터리 영화랍니다. 영화관에는 민재가 몹시 좋아하는 팝콘도 있지요.

드디어 영화관에 도착한 민재.
"엄마, 아시죠? 팝콘이랑 콜라요."
"그게 그렇게 맛있니? 여기 팝콘 두 개랑 콜라 하나 주세요."

하지만 엄마의 목소리는 걱정스러우십니다.
"민재야, 팝콘이나 햄버거 같은 음식은 몸에 안 좋다는 거 알지? 민재가 좋아하는 건 알지만 아주 조심해야 하는 음식들이란다."

"아유, 참~ 항상 말씀하시잖아요. 잘 알겠어요, 조심할게요!"
'맛있는 걸 어떻게 한담. 내가 좋아하는 건 매일 먹지 말라고 하시고.'

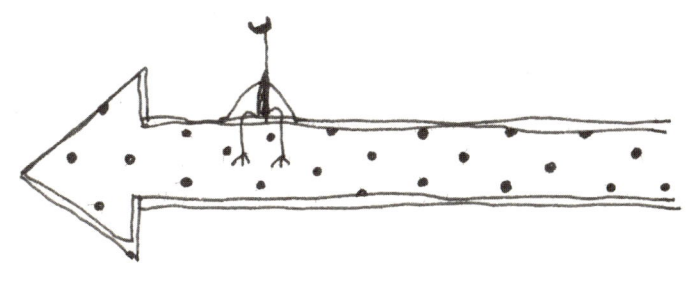

다음날 학교에 간 민재, 수업을 마치고 단짝인 서연이와 함께
집으로 돌아오는 길에 서연이에게 영화 본 일을 자랑하네요.
"서연아, 나 어제 영화 봤다! 황제펭귄은 정말 황제 같아.
게다가 팝콘은 영화관에서 먹는 게 제일 맛있는 것 같아!"
"야~ 나도 그 영화 볼 거야! 우리 엄마도 보여 주신다고 했어."
"서연아, 배고프지 않아? 우리 햄버거 하나씩만 먹고 가자, 응?"
"오늘은 그냥 가나 했다~ 그럴 리가 없지."

"햄버거랑 감자튀김 주세요."
"민재 오늘도 또 왔구나?"
"저는 바닐라 아이스크림 주세요."
민재가 정말 맛있게도 먹네요. 서연이가 그런 모습을 물끄러미
바라봅니다.

"민재야, 너 이렇게 매일 햄버거 먹어도 괜찮아? 나도 엄청
좋아했었는데 아빠한테 트랜스지방 얘기 듣고 난 뒤 못 먹겠어.
너도 너무 많이 먹지 마."

"너도 그 소리야? 엄마한테 항상 듣고 있는걸. 괜찮아 괜찮아! 괜히 걱정하시는 거야. 나 봐, 멀쩡하잖아."

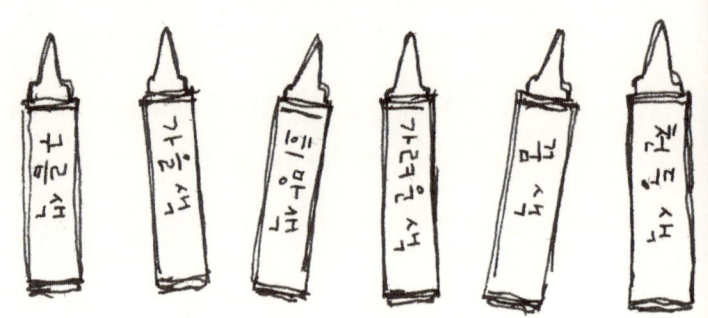

지금은 학교 미술 시간입니다.
"오늘은 내 짝꿍의 20년 후의 모습을 상상해서 그려 봅시다. 짝꿍에 대해, 친구에 대해 생각해 볼 수 있고 더 가까워질 거예요. 그러고 나면 서로 보여 주고 이야기해요."

"어? 이게 뭐야! 병원에 누워 있는 뚱보? 이게 나야? 너무하는 거 아니야, 너! 난 멋지게 과학자가 되어서 연구 중인 모습을 그리고 있는데……."
민재가 정말 화가 났네요. 얼굴이 빨갛게 되었어요.

"네가 좋아하는 햄버거를 매일 먹으면 20년 후엔 이렇게 되지 않을까?"

선생님이 오시네요.

"얘들아, 왜 그러니? 민잰 왜 그렇게 화가 났을까?"

"서연이가 나를 이렇게 그려 놨어요. 힝!"

서연이와 민재는 선생님께 그림을 보여 드리고 설명합니다.

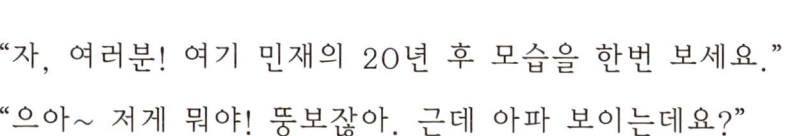

"자, 여러분! 여기 민재의 20년 후 모습을 한번 보세요."

"으아~ 저게 뭐야! 뚱보잖아. 근데 아파 보이는데요?"

"여러분, 트랜스지방이라고 들어봤지요?"

"뉴스에서 많이 나오던데요? 엄마 아빠도 자주 말씀하시는데, 잘은 모르겠어요."

"그게 뭔데요? 민재가 그것 때문에 저렇게 되는 거예요?"

"트랜스지방이란 실온에서 액체 상태인 식물성 기름을 마가린이나 쇼트닝 같은 고체, 반고체 상태로 만들 때, 안 좋은 냄새나 색깔을 방지하기 위해 수소를 첨가하는데 그 과정에서 만들어지는 지방산을 말하는 거예요."

불량 식품을 먹으면 불량 학생?

"트랜스지방은 패스트푸드 음식을 바삭거리고 보기 좋게 하지만 피 속의 나쁜 콜레스테롤을 증가시켜 동맥경화의 원인이 된단다."

"어, 그럼 어떻게 해요? 감자튀김은 절대로 먹으면 안 되나요?"
"트랜스지방은 특히 여러분이 좋아하는 패스트푸드에 많이 들어 있지요. 요즘 들어 트랜스지방의 위험성이 널리 알려지면서 트랜스지방을 쓰지 않는다는 회사도 늘고 있지만 아무래도 조심해야겠죠.

2008년부터는 대중매체를 통한 패스트푸드 광고가 제한되고 열량과 트랜스지방 등이 얼마나 들어 있는지 성분표시를 하게 될 거예요. 식품의약품안전청은 트랜스지방 함량을 정기적으로 조사해서 공개하기로 했답니다. 어린이 식생활 안전에 관한 특별법에 따라 학교 주변 200m 지역이 식품안전보호구역인 '그린푸드 존'으로 지정되고 먹을거리 안전을 측정할 수 있는 평가지표도 만든다고 하니까, 많은 사람이 노력하고 있지요."

동맥경화란? 혈관에 지방성물질이 쌓여 혈관이 좁아지고 탄력성을 잃게 되는 질병을 말해요.

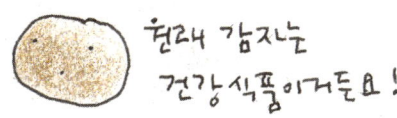
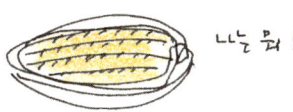

"아무리 사람들이 알려 줘도 사실은 우리가 스스로
조심해야겠지요? 민재도 반성할게요. 건강한 식습관이
중요한 것 같아요."
민재의 표정이 제법 진지합니다.

"그렇지. 민재 말처럼 여러분 스스로 그런 마음을 가지는 것이
중요해요. 그러려면 트랜스지방에 대해서도 잘 알고 있어야겠죠?
숙제로 트랜스지방에 대해서 조사해 오는 게 좋겠어요. 어른들에게
물어보고 도움을 받도록 하세요."

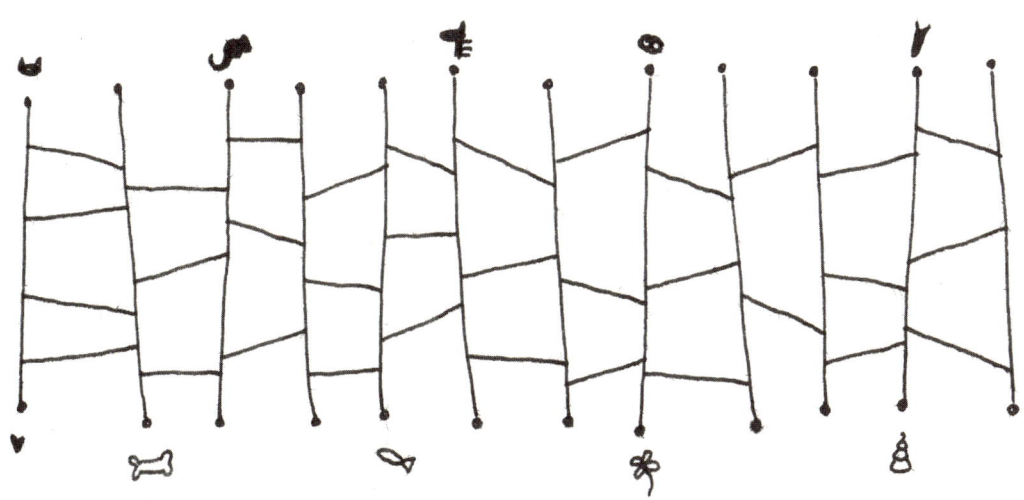

어디 보자!

민재의 숙제

어떤 음식에 트랜스지방이 얼마나 들어 있을까요? (100g당)
과자류, 비스킷에는 1.6g, 초콜릿 가공품에는 2.1g 들어 있고요. 도넛에는 2.5g! 그리고 감자튀김에는 2.0g 들어 있어요. 전자레인지용 팝콘에는 11g이나 들어 있고요.

국내 유통 가공식품의 트랜스지방 모니터링 결과
식품의약품안전청(2004년~2006년)

준서의 숙제

트랜스지방은 왜 나쁜가요?
현재 어린이와 청소년의 트랜스지방 섭취량은 어른의 두세 배나 되는데다, 어린 시절의 식습관은 어른이 된다고 해서 쉽게 바뀌는 것이 아니죠? 트랜스지방은 혈액 속의 나쁜 콜레스테롤을 증가시키고 좋은 콜레스테롤을 감소시키는 지방입니다.

위험한 유혹! 트랜스지방을 2% 섭취하면?

세계보건기구(WHO)는 하루 섭취 열량 중 트랜스지방에서 얻어진 열량이 1%를 넘지 않도록 권하고 있어요.

1. 배가 나오겠죠? 트랜스지방도 지방이거든요!
   배 나온 사람은 그다지 멋지지 않지요.
2. 심장병이 생길 수 있어요(위험성 28% 증가!). 심장에 영양을 공급하는 혈관에 나쁜 콜레스테롤이 쌓여서 피의 흐름을 막게 되면 심장이 힘들어 하겠죠? 마음껏 뛰어놀 수 없게 될 수도 있어요.
3. 당뇨병에 걸릴 위험도 높아진답니다(39% 증가!). 인슐린이라는 호르몬의 역할을 방해한대요. 그럼 정말 먹고 싶은 것을 마음껏 먹을 수 없게 되지요.
4. 갖가지 질병에 걸리기 쉽도록 몸의 면역이 약해진답니다. 트랜스지방이 영양분은 내보내고 병원균은 받아들인대요!
5. 기억력도 나빠져요. 트랜스지방이 뇌세포까지 영향을 준대요. 주의력도 떨어지고, 우리도 모르는 사이에 문제아가 될 수도 있어요!

서연이의 숙제

트랜스지방을 피하는 방법

1. 식품영양표시를 확인합시다!

1회 섭취 분량에 트랜스지방이 0.5% 이상 표시된 식품이나 원재료명에 쇼트닝, 마가린, 정제가공 유지를 사용했다고 써 있는 식품은 먹지 말아요.

2. 고소한 냄새는 의심스러워!

영양표시가 안 된 음식 중에 트랜스지방이 대량 든 경우가 많아요. 전자레인지용 팝콘, 감자튀김, 케이크, 도넛 등은 절대 조심해요!

3. 마가린 안녕!

요리할 때는 마가린 대신 버터나 식물성 기름을 사용해요.

4. 튀김 기름을 아끼지 맙시다.

식물성 기름이라도 한 번 사용한 튀김용 기름은 과감히 버리세요.

5. 편리한 음식은 위험해요!

전자레인지용 팝콘은 100g당 11g이나 되는 트랜스지방을 함유하고 있어요. 냉동감자튀김은 그냥 감자튀김보다 트랜스지방을 더 포함하고 있지요. 이처럼 반조리 식품은 완전히 조리된 식품보다 오히려 트랜스지방이 더 많은 경우가 대부분이랍니다. 아무리 바빠도 요리는 직접 해먹는 것이 최고!

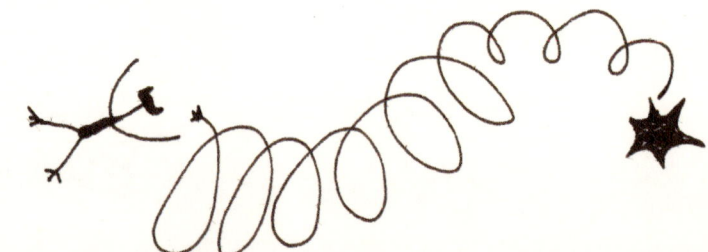

바삭바삭 맛있지만

프라이드치킨같이 바삭거리는 튀김은 물론 위험하지요. 라면과 어묵도 뜨거운 물에 한 번 데쳐서 기름을 빼는 것이 좋아요. 패스트리나 크루아상처럼 바삭하고 촉촉한 빵에도 물론 마가린이 듬뿍! 퍽퍽해서 먹기 힘든 빵이 몸에는 좋지요.

*여러분의 숙제는 어때요? 친구들의 숙제를 보고 어떤 생각을 했나요? 트랜스지방에 대해 알게 되었나요? 이제 여러분이 느낀 점을 적어 보아요.

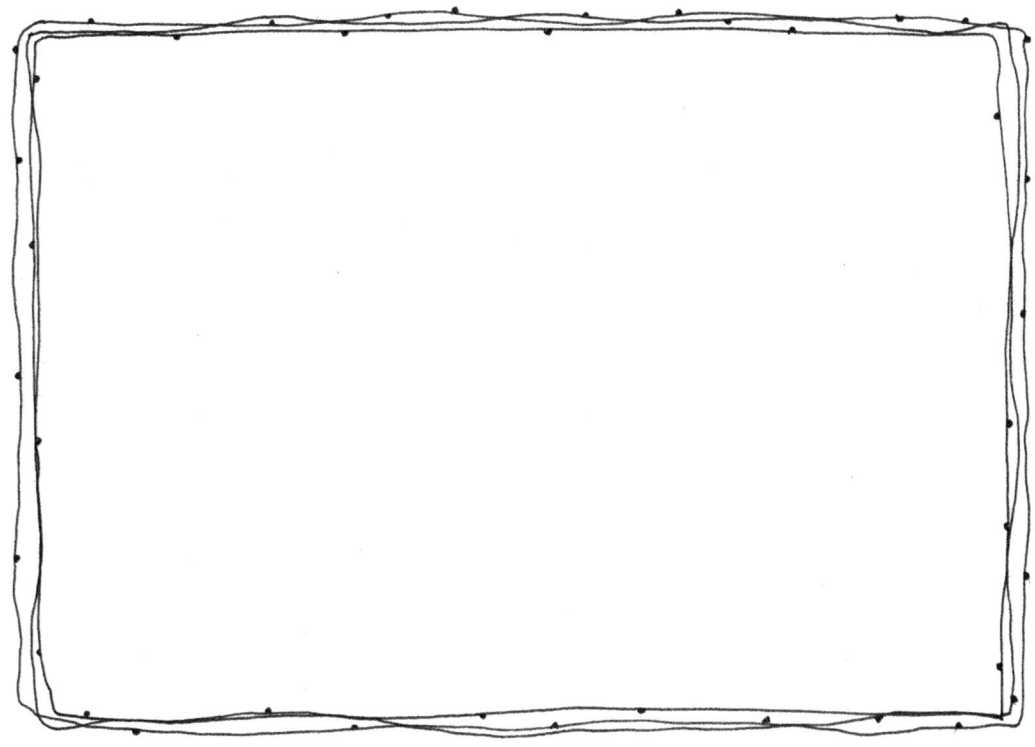

트랜스지방의 역사

1869년 나폴레옹 3세 때 전쟁 물자로 많은 양의 버터가 필요하자 당시의 과학자들이 우지 등 동물성유지를 이용하여 버터 대용품을 만든 것이 마가린의 시초입니다. 그 후 식물성유지로 마가린을 생산하였으나 1992년 마가린에 함유된 트랜스지방이 포화지방보다 심장 질환에 더 위험하다는 연구 결과가 나왔습니다. 외국의 경우는 오래전에 알려졌으나 우리나라에서는 최근 몇 년에 걸쳐 알려지기 시작하였습니다.

불타는 과자!

과자 한 봉지를 다 먹으면 한 끼 식사가 넘는 칼로리를 섭취할 뿐 아니라 해로운 트랜스지방까지 과다 섭취할 수 있습니다. 여러분이 좋아하는 과자에는 얼마나 많은 에너지가 있는지 알아볼까요? 방법도 아주 간단해 누구나 쉽게 할 수 있답니다.

우선 과자 하나에 불을 붙여 태우면서 그 열로 물을 데워 보는 거예요. 처음 물의 온도와 과자를 다 태우고 난 후의 물의 온도를 비교해 보면 과자 속에 숨은 에너지를 알 수 있답니다. 물의 온도 변화가 클수록 그 과자가 가진 에너지는 큰 것이겠죠?

함께 실험해 보아요.

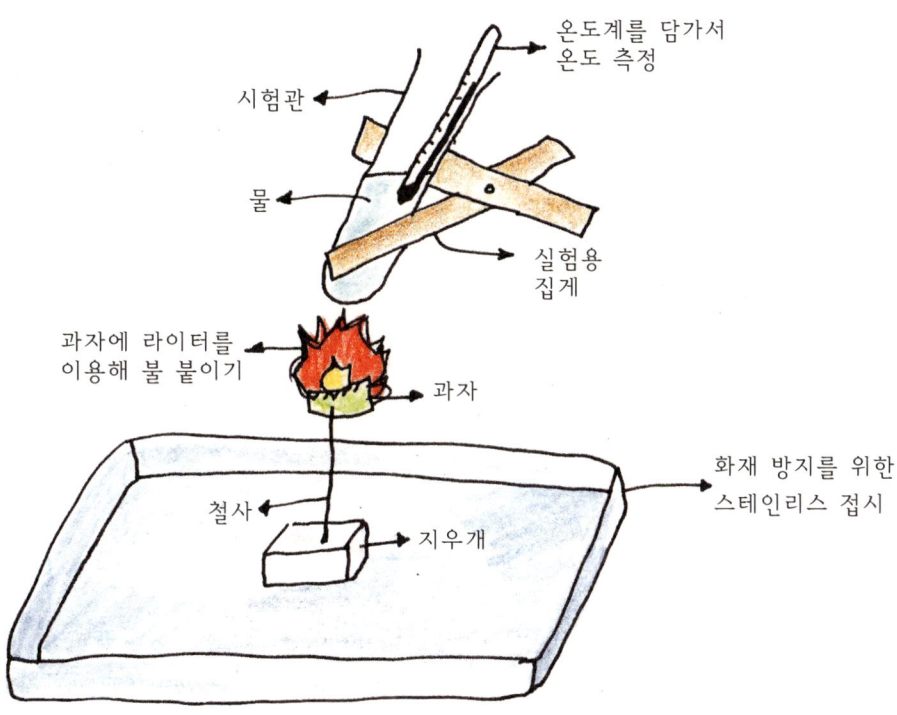

이것만 주의해요.

불을 이용하는 실험이니까 여러분 혼자서 하면 안 되겠죠?
위험할 수 있으니, 꼭 부모님이나 선생님과 함께 재미있게
실험해 보도록 해요!

5. 수민이의 여드름?
식품 슈해 성분

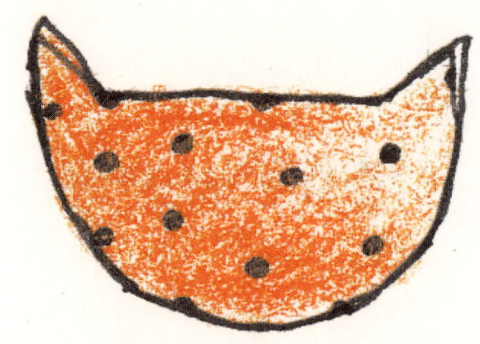

"수민아~ 저녁 먹어야지."
"수민아아?"
수민이는 아빠가 부르시는 소리가 도통 들리지 않는군요. 지금 거울을 보느라 정신이 없습니다. 얼굴에 여드름이 났지 뭐예요.

"에이, 참. 이게 뭐야. 이 근사한 얼굴에."
"수민아~ 뭐해? 어서 와, 밥 먹어야지!"
"아, 네~ 가요!"

수민이는 그제서야 뛰어갑니다.
오랜만에 가족이 함께하는 저녁 식사입니다. 수민이의 얼굴을 본 아빠께서 수민이를 놀리시네요.
"이야, 우리 수민이 벌써 사춘기야? 여드름이 다 나고! 허허~"
"아, 아니에요! 사춘기는 무슨!"

아빠의 말씀에 당황한 수민이는 열심히 밥먹는 척을 합니다.
하지만 왠지 오늘따라 입맛이 없군요. 조금 먹다 남기고 맙니다.

"수민이 왜 그것밖에 안 먹어?
배 안 고프니?"
"사실은 아까 집에 오다가 떡꼬치 튀김 먹고 왔거든요.
그래서 별로 밥맛이 없어요."
"길거리 튀김? 에이~ 수민이 또 그런 거 먹었구나? 그런 식품들은 위생 상태가 안 좋을 수 있어서 조심해야 하는데. 그 여드름, 혹시 튀김 많이 먹어서 생긴 거 아닐까?"

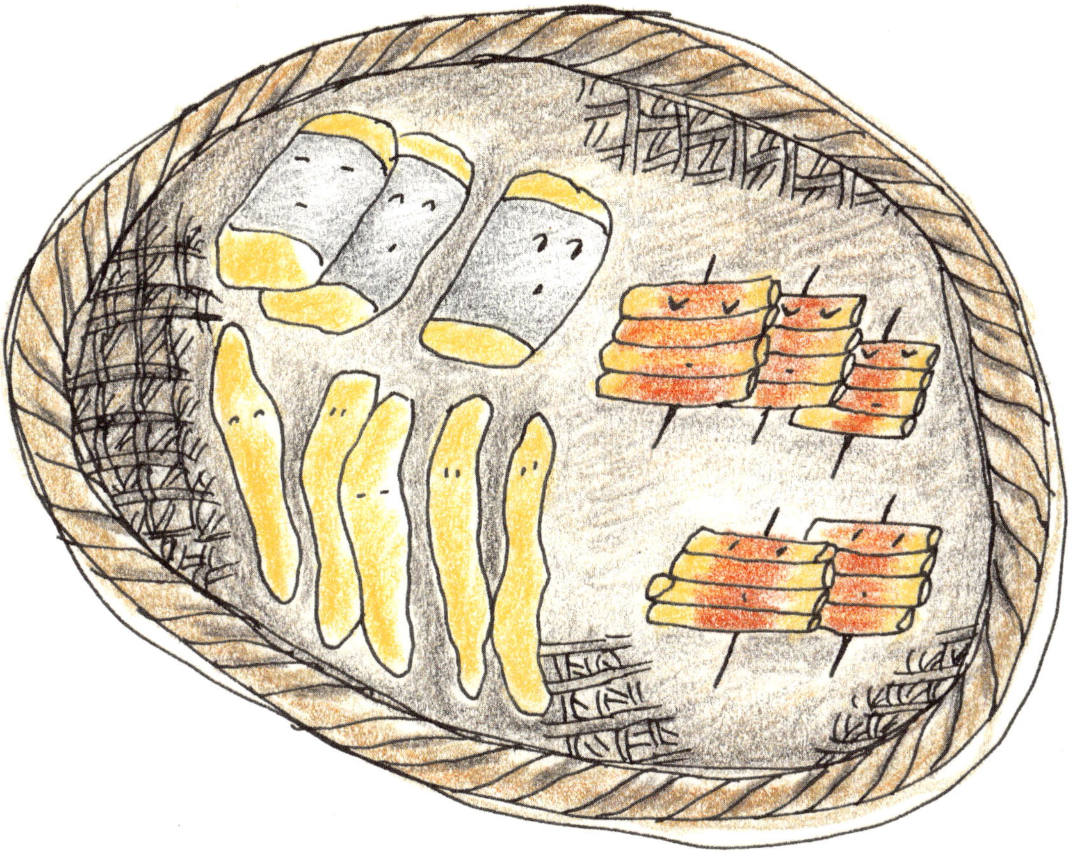

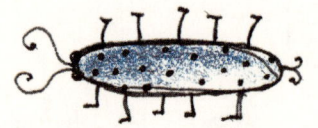 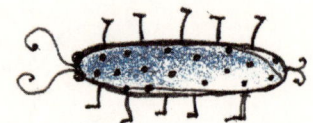 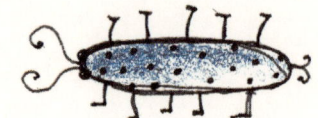

"예? 에이, 아빠는 그런 게 어딨어요. 튀김 많이 먹는다고 여드름이 생긴단 말이에요? 말도 안 돼요."

"수민이 네가 모르는 모양인데 일본의 한 마을에서 정말 그런 일이 있었거든."

"설마! 어디서요?"

"가, 제미 마을인가? 오래전에 봐서 기억은 잘 안 나는데, 정말 있었어. 인터넷으로 검색 한번 해보면 나올걸. 신문에 크게 났었거든. 뉴스에도 나오고."

"그래요?"

 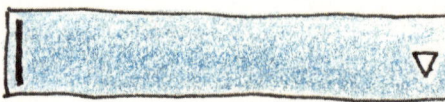 

궁금해진 수민이는 저녁을 먹자마자 컴퓨터를 켜고 검색을 해보았습니다. 과연 그런 일이 있었을까요?
결국 수민이는 다음과 같은 뉴스방송을 찾아냈어요.

"일본의 가네미 지방에서 다케이라는 소년이 튀김을 먹고 난 몇 개월 후부터 얼굴에 심하게 여드름이 났습니다. 그 지방의 수많은 사람이 여드름 형태의 피부병이 생겼습니다. 그 원인은 음식을 만들 때 사용한 식용유로 밝혀졌습니다. 즉 식용유의 제조 과정에서 가열 파이프가 부식되어 몸에 해로운 물질인 PCB가 식용유 속으로 들어갔기 때문이었는데, 이 식용유를 먹은 주민은 간 기능이 저하되는 등 여러 심각한 증상을 보였습니다. 피해 인구는 그 수가 무려 14,000명에 이르렀고, 일본 정부는 이 사건 이후 PCB를 유해한 물질로 정하고, 이 물질에 대한 관리 법률을 강화했습니다."

"아빠! 알아냈어요. 정말 그런 일이 있었네요! 야~ 정말 무섭다! 나 이제 튀김 안 먹을래요!"

"튀김이 꼭 나쁜 건 아니란다. 많은 사람이 아팠던 이유는 튀김에 잘못 관리된 식용유를 썼기 때문이야."

"수민이가 제일 좋아하는 게 뭐지?
"음, 떡꼬치 튀김이랑, 오징어 튀김, 김말이요!"

"그래, 수민아, 그런 식품은 아무래도 위생 관리가 소홀해지기 쉽거든. 유해한 물질은 우리 몸에 들어가서 건강에 직접 영향을 주니, 이것저것 아무거나 먹으면 안 돼. 무엇으로 만들어졌는지, 몸에 해로운 것이 들었는지, 확실히 알 수 없는 음식을 불량 식품이라고 부르는 거니까, 수민이 조심해야겠지?"

"어휴~ 그런 거예요? 맛있다고 아무거나 먹으면 안 되겠네요."
"다케이는 다 나았을까? 정말 조심해야겠다."

PCB는 우수한 절연성 때문에 변압기와 전기 제품에 많이 사용해 왔어요. 우리나라에서는 1983년부터 수입이 금지되어 사용하지 않는답니다. 그러나 이미 사용된 물건이나 기계 장치를 버리면서 유출되어 생물 먹이사슬에 들어갈 수 있어요.

방으로 들어온 수민이는 책상에 앉아 일기장을 펼쳤습니다.
수민이는 어떤 일기를 썼을까요?
여러분도 다케이의 이야기를 읽고 느낀 점을 일기로 한번 써 보아요.

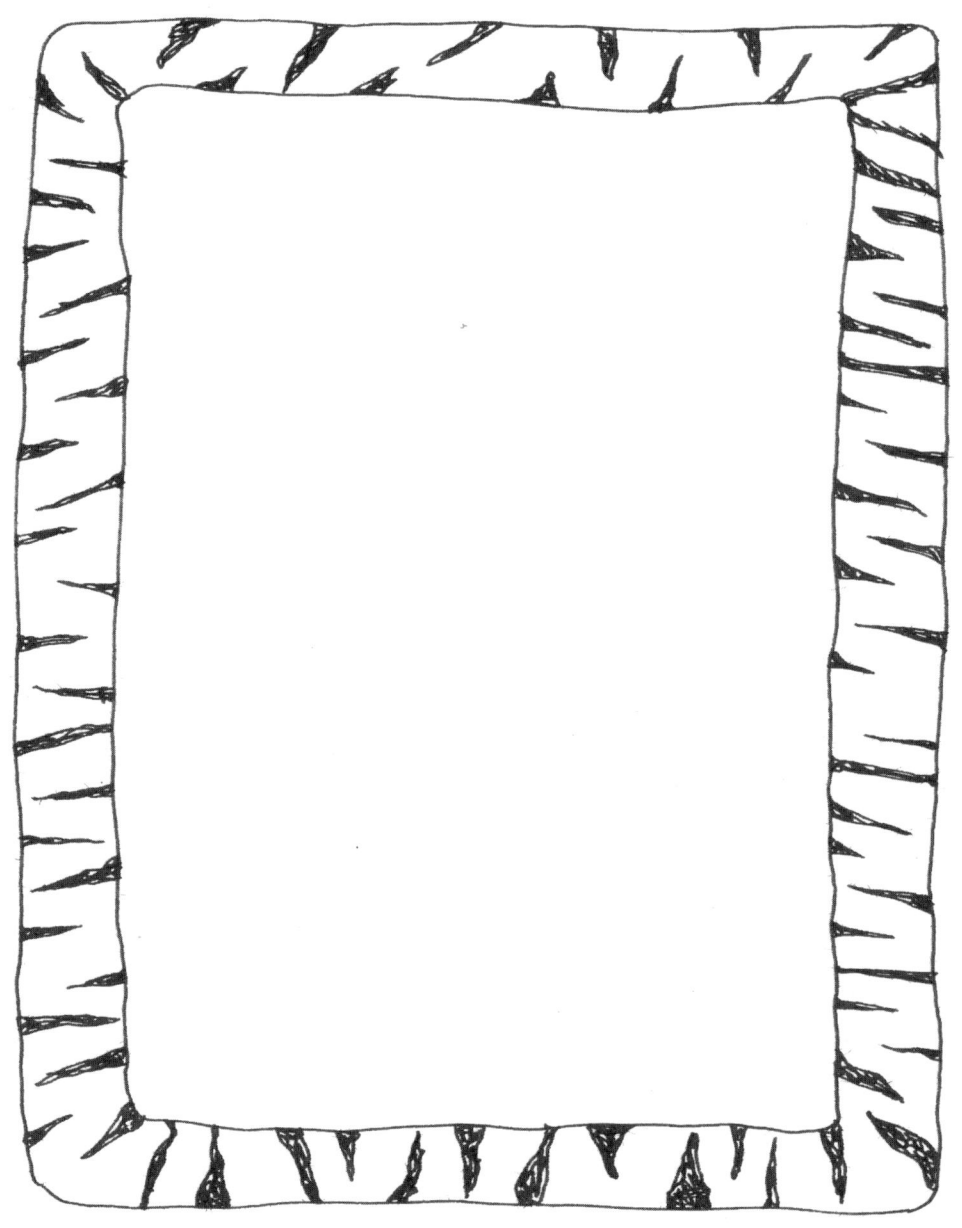

다케이의 이야기에서 문제가 된 PCB의 사용은 그 일 이후 일본에서는 사용을 금지하였고, 우리나라도 지금은 PCB 사용 규제 법률이 있답니다.

> 우리나라의 식품관리검사는 어떤 곳에서 하는지 알아보아요.

부처	부처별 식품관련 담당업무
?	농산물, 농·수산가공품 제조, 수입, 유통 관리
?	먹는 샘물 관리
?	부정식품 범죄처벌
?	수산물 생산, 수입 관리
?	축산물 생산, 가공, 수입, 유통 관리
?	학교급식 관리
?	천일염 관리
?	주류 관리

행동대원증

[사진]

이름 :
나이 :
학교 :

지금부터 항상 음식을 먹기 전에 그 식품이 안전한지 생각해 보겠습니다. 안전성 검사가 되지 않은 식품은 절대로 먹지 않겠습니다. 친구들에게도 알려 주겠습니다.

나는 이제 행동실천 대원이닷!~
자, 여러분 이제 실천에 옮길 시간이에요.
우리 모두 행동실천 대원이 되는 거예요.
지금까지 우리는 다섯 가지 이야기를 통해 우리의 식생활에
어떤 위험이 있는지 알게 되었어요.

불량 식품이란?

1. 유해물질이 들어 있거나 묻어 있는 식품!
2. 허가받지 않은 재료를 사용한 식품!
3. 허가량을 지키지 않은 식품!
4. 유통기한을 속이는 식품!

흔히 부모님께서 불량 식품 사 먹지 말라고 하시죠?
불량 식품이 무엇인지 확실하게 알고 넘어가자고요.
이제 우린 튼튼하고 건강하게 자라기 위한
안전한 식생활에 대해 척척박사가 되었답니다.

몸이 건강해야 하고 싶은
일을 할 수 있어요!